Ecos...

JOSÉ NAROSKY

Ecos...

AFORISMOS

Planeta

Diseño de cubierta: María Inés Linares
Diseño de interior: Osvaldo Gallese

© 1997, José Narosky

Derechos exclusivos de edición en castellano
reservados para todo el mundo:
© 1997, Editorial Planeta Argentina S.A.I.C.
Independencia 1668, Buenos Aires
© 1997, Grupo Editorial Planeta

ISBN 950-742-799-6

Hecho el depósito que prevé la ley 11.723
Impreso en la Argentina

Ecos

Cuando los poetas ya no laten, siguen haciendo latir.

∽Amistad∾

al Dr. Mariano Barbasola

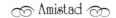

"Damón y Pytias, iniciados en la Ciencia de Pitágoras, se unieron por muy fiel amistad.

Habiendo Dionisio de Siracusa condenado a muerte a Pytias, el desdichado pidió al tirano le concediera unos días para ordenar sus cosas antes de morir.

Dionisio aceptó pero con la condición de que quedase como rehén su amigo Damón.

Se acercaba el día prefijado y Pytias no regresaba. Pero el rehén estaba sereno, confiado en que su amigo volvería.

Cuando el momento de la ejecución estaba próximo, reapareció el verdadero condenado.

Admirado el tirano Dionisio de tal prueba de amistad, decidió perdonar a Pytias a condición de ser admitido él también como amigo de ambos."

ANÓNIMO

"La amistad es un valioso tesoro que requiere dos guardianes permanentes."

JOSÉ NAROSKY

**Nuestros amigos son nuestros hermanos.
Pero** *elegidos...*

Nuestro amigo no debe aceptar nuestros errores.
Debe ayudarnos a corregirlos.

Si los años nos cambian los amigos,
estamos cambiando...

Cuando mi amigo me ayuda,
siento más amistad que gratitud.

Amigos nuevos son caricias diferentes.

Los amigos golpean más hondo.
Porque estamos desguarnecidos.

La verdadera amistad contiene dolor.

Un amigo nunca es nuevo. Porque ya era...

De conocido a amigo hay muchos caminos.
De amigo a conocido, ninguno.

La amistad gratifica. Hasta cuando quita...

Si dudo de mi amigo, ya no es mi amigo.
O no lo soy yo.

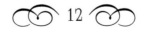

Podría olvidarme de mi amigo. Pero no de su amistad.

 Amor

a Beatriz, mi esposa
a mis tres hijos

"Cuando el amor es rey, no necesita palacio."

José Narosky

**El amor es el único idioma
que puede prescindir de las palabras.**

Si no amas el mundo, no me amas.

Si separamos amor e instinto,
quitamos al amor su plenitud.

La ceguera del enamorado es **luminosa**.

No podría quererte más.
Pero podría quererte **mejor**.

El amor es el único maestro
que puede enseñar a amar.

La fidelidad forzada
es una forma de infidelidad.

El huracán vence todos los escollos.
Pero el amor vence todos los huracanes.

Al amor y a ti los conocí al mismo tiempo.

¡La atracción de la pareja humana!
¡Y la juzgaron pecado...!

Amor

Albergamos fidelidad y traición.
Pero otros poseen la llave...

Arte

a Alejandro Gardinetti
a Néstor Groppa

"¡El artista! Es bastante más que un hombre, con el corazón de un Dios. Y se coloca precisamente entre los hombres y Dios, formando entre ellos un anillo intermedio. Vive en el mundo pero tiene un mundo en sí mismo.
Los artistas, que son pocos en cada generación, pasan desapercibidos o son objeto de burlas. Los hombres les imponen una corona de espinas, pero el cielo les prepara una corona de estrellas."

MIGUEL ÁNGEL
ITALIA (1475-1564)

Pero en la tierra ese artista ya ha vibrado con la creación, no con el aplauso.

J. N.

El artista no elige. Fue elegido.

La vida del artista tiene precipicios y montañas.
Pero él tiene alas...

El *genio no crea*. Encuentra.

Cuando el arte avanza,
la oscuridad retrocede.

Del esfuerzo creador sólo perdura la creación.

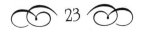

Arte

Mi *pluma* es mi pincel.
Pero no siempre encuentro el color.

Lo *más* original se basa en algo anterior.

El arte es pasión desbordada.

Los grandes del arte derribaron fronteras.

Quienes guiaron mis pasos me marcaron un
destino. Pero olvidaron mis alas...

Bien

a Carlos Bonilla

"El mundo en que vivo me lastima. Pero me siento solidario con los hombres que viven en él. Mi papel no es el de transformar al mundo ni al hombre. No tengo la virtud ni el talento para ello. Pero estoy feliz de servir desde mi sitio a los valores que hacen que merezca la pena vivirse."

ALBERT CAMUS
ARGELIA (1913-1960)

Bien

Quien da **todo**, querría dar más.

Luchar por el bien no es luchar, es dar.

Hay hombres que hacen el bien
por necesidad vital.

Cuando nació la mentira
se fortaleció la verdad.

Muchos agregan rosas a los rosales.

Admiro de muchos hombres **algunas** cosas.
Pero de ninguno **todas** las cosas.

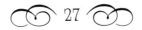

Es fácil distinguir el bien del mal.
Si se siente el bien...

Sembremos. Pero sólo por la siembra.

Nacer vacío, posibilita todo. Vivir vacío, **nada**.

Aunque la noble intención produzca daño,
sigue siendo noble.

El mal no tiene consuelo.
El bien no lo necesita.

Calidez

a Rómulo Jorge Ferranti

EL ABUELO

"Pasaba yo por una calle. Un mendigo viejo y decrépito me detuvo. Tenía ojos inflamados y lacrimógenos y labios azulados. Vestía sucios harapos y mostraba desagradables llagas.

Me alargó su mano roja, hinchada, sucia, sollozando al implorar mi socorro.

—Murió mi único hijo y mis nietos me abandonaron —me dijo. Registré mis bolsillos; no hallé mi billetera, ni moneda suelta, ni objeto alguno. El mendigo esperaba, y su mano tendida removíase débilmente.

Confuso, no sabiendo qué hacer, estreché con fuerza entre las mías aquellas manos sucias y temblorosas.

—Perdóneme, hermano. No llevo nada que pueda darle —atiné a decirle.

El mendigo fijó en mí los ojos enrojecidos, sonriéronle los azulados labios y también estrechó sus fríos dedos con los míos.

—Bien hermano —dijo con voz ronca—. Gracias. También vuestra calidez es una limosna.

Entonces comprendí que yo también había recibido algo de aquel hermano mío."

IVÁN TURGENIEFF
RUSIA (1818-1883)

Cuando cubro tu frío *me* **abrigo.**

La calidez no derrite el hielo.
Pero lo entibia.

La calidez resiste las más bajas temperaturas.

La vida es un gran desierto.
Pero existen oasis...

Tu pena por mi pena atenúa mi pena.

Somos llamas encendidas.
Y *pocos le agregan calor...*

*Las palabras cálidas siempre
nos parecen nuevas.*

No encendamos fuego sólo para extinguirlo.

*La fuerza de la sonrisa se mide
por lo que puede derribar.*

*Más me acerco al hombre,
más me alejo del hombre.*

Acerquémonos al cóndor majestuoso,
solamente en su caída.
Porque es cuando nos necesita.

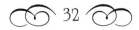

Ninguna alquimia podría transmutar
la frialdad en calidez.

Talento con calidez es lumbre.
Sin calidez, sólo brillo.

❧Comprensión❧

a Lionel Godoy

"Tres ciegos fueron a ver a un elefante.
Uno le tocó la pata y dijo:
—El elefante es como un pilar.
El segundo le tocó la trompa y dijo:
—El elefante es como un palo grueso.
El tercero tocó su vientre y dijo:
—El elefante es como un tonel.
Reñían sin ponerse de acuerdo, cuando pidieron a un transeúnte que dirimiera la cuestión.
—Ninguno de vosotros ha visto al elefante.
Sus patas son como pilares, pero no es un pilar.
Su vientre es como un tonel, pero no es un tonel.
Su trompa es como un palo grueso, pero no es un palo grueso.
El elefante es la combinación de todo eso."

DEL EVANGELIO DE RAMAKRISHNA

Me duele que no me comprendan
Pero más me duele no comprender...

Hay seres que se **reconocen**
sin haberse conocido.

Se puede ser generoso dando poco
y miserable dando más.

Armar mentes es desarmar brazos.

Al unirse nuestras voces,
no necesitamos hablar.

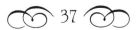

Si no puedes comprenderme, créeme.

Para ver de cerca, suele necesitarse distancia.

Nadie es culpable. Ni los culpables.

Necesité carecer de todo para valorar todo.

Veo cuanto puedo, no cuanto hay.

La timidez ata. Y algunos aprietan el nudo...

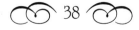

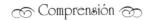

Cuanto más encuentro, más comprendo
que debo seguir buscando.

El mundo está sediento.
No neguemos el agua...

Cuando nacieron fronteras,
murieron hermandades.

A veces las palabras sobran.
Otras veces, no alcanzan.

Cuando la injusticia no nos atañe
nos consideramos excluidos.
Entonces sumamos **nuestra** injusticia.

Algunos buscan la causa, siendo la causa.

Dolor

a Armando Rivera

EL SAUCE Y EL CIPRÉS

"Cuando a las puertas de la noche umbría
Dejando el prado y la floresta amena
La tarde melancólica y serena
Su misterioso manto recogía
Un macilento sauce se mecía
Por dar alivio a su constante pena.
Y en voz suave y de suspiros llena
Al son del viento murmurar se oía:
—¡Triste nací! Mas en el mundo moran
Seres felices que el penoso duelo
Y el llanto oculto y la tristeza ignoran
Dijo y sus ramas esparció en el suelo.
—Dichosos, ¡ay!, los que en la tierra lloran
Le contestó un ciprés mirando al cielo."

EUSEBIO BLASCO
ESPAÑA (1844-1903)

Cien caricias no borran una bofetada.

Si la vieja herida sangra, no es vieja.

Hay dolores a los que ya
no se les puede sumar dolor.

La alegría la buscamos.
El dolor nos busca.

Herir puede ser más cruel que matar.

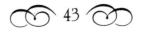

El sentimiento que inspira nuestro dolor,
es siempre menor que nuestro dolor.

El sembrador de espinas es el primer herido.

¿Nunca lloras? Estás herido...
¿Siempre lloras? Estás herido...

El dolor se mide en el dolor.

Algunos lloran por aquello que reímos.

El último golpe produce la caída.
Y puede ser el más débil.

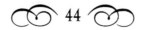

Ecos...

a Augusto Zorreguieta
a Faustino Argibay

"Proyecta lo difícil, partiendo de donde aún es fácil.
Realiza lo grande, partiendo de donde aún es
pequeño.
Todo lo difícil comienza siempre fácil.
Todo lo grande comienza siempre pequeño."

LAO TSÉ
CHINA (604 A.C.-544 A.C.)

**Todos caminaron.
Pero pocos dejaron huellas...**

Cuando los poetas ya no laten,
siguen haciendo latir.

Creí que era tu voz.
Y sólo eran tus palabras...

Hay recuerdos que reemplazan a las caricias.

No temo el peligro. Temo mi miedo.

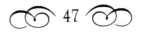

Cuando descubrimos que otros vibran,
otros descubren que vibramos...

Mis libros revelan parte de lo que soy.
Y todo lo que **querría** ser...

Mi vida eres tú. Yo sólo soy eco...

Mi latido te reconoció entre mil voces.

Hubo ecos que derribaron murallas.

A ti, que me crees.
Te escribo porque te creo...

Necesité tu quietud para plasmar mi inquietud.

Canto para oírme. No para que me oigan.

No es sólo el latir, sino el **porqué** del latir.

Ideal

a Ernesto Delacroix

"Si eres artesano evita enlodarte recibiendo alguna cosa que no sea la compensación de tus méritos. Si eres poeta no manches la túnica de tu musa cantando en la mesa donde se embriagan los cortesanos; si eres sabio no mientas; si eres pensador no tuerzas tu doctrina ante los poderosos. Sea cual fuere tu habitual menester, hormiga, ruiseñor o león, trabaja, canta o ruge con entereza y sin desvíos, pues en *ti* vive una partícula de tu raza."

JOSÉ INGENIEROS
ARGENTINA (1877-1925)

**Un solo brote de justicia,
justifica arar un desierto.**

Cuando un ideal triunfa por la violencia,
triunfó la violencia.

Hay hombres cuyas alas
sobrepasaron fronteras.

Preocuparse por la perfección
es acercarse a ella.

Cuando callamos nuestra verdad,
mentimos.

Tanto le cuesta al servil erguirse
como al erguido doblarse.

Hombres de pequeña talla
proyectaron sombras gigantescas.

Cuando la realidad golpea al idealista,
lo fortalece.

Quien mira siempre de frente
encuentra muchos perfiles.

Los patriotas temen al exceso de patriotismo.

Ideal

Quiero cantar mi canción,
incluso desafinando.

Abismos y alturas distorsionan las dimensiones.
Pero las alturas son dueñas del cielo...

Idealizar es caminar hacia la desilusión.
Pero por un sendero luminoso.

Hay quienes necesitan pertenecer a algo.
Y quienes no pueden pertenecer a nada.

La esclavitud del deber, libera.

Mi fuerza son mis convicciones.
Pero no las deseo pétreas. Ni débiles.

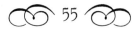

ꙮMalꙮ

a Eliseo Uris Carbonell

"Una oveja sufría mucho por causa de otros animales. Cansada de injusticias, decidió recurrir a Júpiter para rogarle que la amparase.

Júpiter acogió favorablemente su petición diciéndole:

—Ya veo, dulce criatura que te he creado sin medios de defensa; elige tú misma la manera de remediar ese defecto. ¿Armaré tu boca de afilados dientes y tus patas de poderosas garras?

—¡Oh, no! —respondió la oveja—. Yo no quiero tener nada en común con los animales carniceros.

—Si te parece —continuó Júpiter—, pondré veneno en tu saliva.

—Señor —replicó la oveja—; las serpientes venenosas son muy odiadas.

—Plantaré entonces cuernos sobre tu frente y daré gran fuerza a tu cuello.

—Tampoco es lo que deseo, padre.

—Y sin embargo —terminó diciendo Júpiter—, si quieres que otros se abstengan de hacerte mal sólo podrás conseguirlo teniendo el poder de dañarlos a ellos.

—Si ése es el remedio —suspiró la oveja—, déjame Júpiter, como soy, porque la facultad de dañar despierta a menudo en nosotros el deseo de dañar y es mejor sufrir la injusticia que obrar mal.

Júpiter bendijo a la dulce oveja y desde ese día, con su resignación, estuvo más cerca de la felicidad que buscaba."

GOTTHOLD E. LESSING
ALEMANIA (1729-1781)

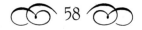

Mal

**La maldad sin objetivo
es la mayor maldad.**

Quien mata lo mejor de sí no es asesino.
Es **víctima**.

Me duele cuando me hieren.
Pero no me asombra.

Los vicios son mares. Pero sin orillas...

Hay asesinos que aún no han matado.

El esclarecimiento requiere esfuerzo.
La oscuridad se expande sola.

Cuando el diccionario incluyó la palabra
"genocidio", olvidó la palabra "piedad".

Juzgamos mal al semejante.
Porque nos conocemos...

Para el ave de rapiña la ley es la rapiña.

¡Cuántas almas dobladas en cuerpos erguidos!

La cima de la gloria puede ser un precipicio.

Mal

El *fango* sólo acepta voluntarios.

La bala que mata por error
no es menos asesina.

Cuando el vencido es víctima no hay victoria.

Hombres burdos crearon torturas refinadas.

❦Muerte❦

a Aníbal Roberto Mussa

"No existe en el corazón del hombre una pasión tan frágil y tan fácil de vencer como el miedo a la muerte. El hombre tiene armas poderosas para vencerlo. La venganza triunfa en la muerte; el amor la desprecia; el honor la solicita; la fe la abraza con alegría."

FRANCIS BACON
INGLATERRA (1561-1626)

**Hubo muertes que encendieron luces
por donde caminó la humanidad.**

Morir significa nuestro fin, no **el fin**.

La vida comienza y termina.
La muerte sólo comienza...

Los suicidas no desean la muerte.
Sólo rechazan la vida.

En la guerra, la muerte parece **menos** muerte.

Tan penosa como la muerte es su ceremonia.

Una misma muerte produce lágrimas **diferentes**.

Cuando la justicia condena a muerte,
sólo anticipa.

La señal que asusta, suele ser salvadora.

Varias muertes cercanas no son varios dolores.
Son un dolor.

De nuestra muerte sólo somos el hecho...

 Muerte

Corriendo avivamos la llama de la vida. Pero arriesgamos apagarla...

Naturaleza

a Roberto Delelis

"—¡He perdido mi gotita de rocío! —dijo la flor, al cielo del amanecer.
—¡Te quejas a mí, que he perdido nada menos que todas mis estrellas! —contestóle el cielo."

RABINDRANATH TAGORE
INDIA (1861-1941)

Los senderos sembrados de rosales ciegan al hombre mientras feliz camina, y a la primera herida de una espina abre sus ojos y cree ver cardales.

J. N.

**Creemos canción el lamento
del pájaro enjaulado.**

Las leyes de la naturaleza no necesitan
redactarse.

Las huellas más transitadas
no siempre indican los mejores caminos.

Observemos el mar, no sus olas.

La pureza no lucha contra el instinto.
Se integra.

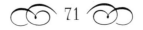

La flor observa volar la mariposa
como si fuese su propio pétalo desprendido.

No hay aguas mansas ni violentas.
Hay estímulos...

Los pájaros huyen del hombre.
¿Será porque lo conocen?

Las espinas hieren más, ocultas tras las rosas.

El primer instante del Universo
no tuvo un instante previo.

Quien nunca vio un río
supone mar al primero que ve.

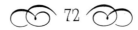

Quien siembra calumnias
siempre encuentra tierra fértil.

Cumbre y llano poseen distintos niveles.
Pero no distintos hombres.

Corrí más que el viento. Y sólo encontré viento...

Niños

a Roberto J. Actis

Que tus hijos vean en ti, cuando niños, una fuerza que los ampare; cuando adolescentes, una inteligencia que enseñe; y cuando hombres, un amigo que aconseje.

**Un niño mató un jilguero.
¡Cuánto murió en el niño!**

Quien defrauda a un niño, asesina ilusiones.

Retorné al pueblo de mi niñez.
Pero ya no era niño...

Cada muñeca destruida
contiene una lágrima infantil.

Si el niño aprende más geografía que moral,
equivocará el camino.

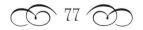

Amar a los niños no significa comprenderlos.

Los niños son páginas en blanco.
Escribámoslas con guantes.

Cuando muere un anciano hay dolor.
Cuando muere un niño hay **muerte**.

El asesino también fue niño.
Pero lo asesinaron...

Protejamos al niño.
Pero no lo olvidemos **hombre**.

Dar vida, es mucho más que concebir.

Pasión

al Dr. Adolfo Zvaig
a Jorge Marchesini

"Artista, poeta, pensador: apodérate de tus ideas en ese punto preciso y fugitivo, para fijarlas o eternizarlas, porque es un minuto supremo.
Antes de ese instante no tiene más que sus confusos esbozos o sus oscuros presentimientos. Después de él, sólo tendrás reminiscencias debilitadas o arrepentimientos impotentes. Ese instante casi mágico es el ideal."

HENRI FREDERIC AMIEL
SUIZA (1821-1881)

Y en la creación como en otros aspectos de la vida, lo prematuro y lo tardío suelen parecerse.

J. N.

**El talento es multifacético.
La mediocridad, unilateral.**

Escribo para que tú y yo **respiremos**.

Cuando empleo toda mi voz, ya no es mi voz.

*Se puede ser feliz sin talento,
pero no sin pasión.*

*Un error proclamado por las mayorías,
no se transforma en verdad.*

Del mismo mar que somos
surge la ola encrespada y la quietud total.

La multitud tiene ojos, oídos y bocas.
Pero no puede ver, oír ni hablar.

Una parte puede satisfacer más que el todo.

Defendemos algunas ideas,
sólo porque nos llegaron antes que otras.

No apuremos el contenido de la copa.
Podríamos seguir teniendo sed...

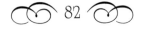

El enemigo difiere del adversario,
en su **ceguera**.

Si el inferior logra que pierdas tu equilibrio,
habrá conseguido que lo iguales.

La pasión es abierta. El **fanatismo**, cerrado.

Ciertos momentos supremos,
no se sienten supremos.

Sensibilidad

a Ricardo Basalo

"Estamos ligados al suelo por todo lo que nos precede y por todo lo que nos sigue; por lo que nos creó y por lo que hemos creado; por el pasado y por el porvenir; por la inmovilidad de las tumbas y por el estremecimiento de las cumbres."

JEAN JAURÈS
FRANCIA (1859-1914)

**Todos tienen corazón.
Pero sólo** algunos **laten con fuerza...**

Los que se acercan para darme
ya no necesitan darme.

La sensibilidad es una riqueza
cuyo dueño siempre desea compartir.

Sólo se hiere a un corazón que vibra.

Ocultamos nuestras lágrimas.
¡Y debieran enorgullecernos!

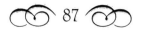

La sensibilidad debilita.
Pero da **otras** fuerzas...

El siglo de oro fue el siglo
en que el espíritu venció al oro.

Quien no siente, supone irreal el sentimiento.

La sensibilidad es etérea.
Pero herida se hace corpórea.

¡Cuántos brazos para tan pocas manos...!

Soledad

a Roberto Petrini

Contigo conocí la soledad.

JOSÉ NAROSKY

**De las prisiones sin rejas
es difícil escapar.**

Quien en la soledad cultiva,
de la soledad **cosecha**.

La soledad del hombre superior
siempre está poblada.

Hay millones de idiomas.
Porque cada hombre habla su propio idioma.

Quien pretende llenar todas sus horas
corre el riesgo de vaciarlas.

Si la distancia no acerca, había distancia...

Las caídas más estrepitosas
suceden en silencio.

Observando las estrellas descubrí la claridad.

Cuando la soledad nos dice,
nos sentimos más solos.

Quien vivió en la multitud,
morirá en la soledad.

Sueños

a Martín Bustamante

"Cuéntase que Tales de Mileto caminaba tan absorto, que se cayó a un pozo. La muchacha tracia que lo acompañaba se echó a reír suponiéndolo un distraído, sinónimo para ella de disperso e inhábil. Pero Tales no caminaba distraído sino abstraído, que es justamente lo contrario. Y no disperso sino altamente concentrado en sus pensamientos.
Inhábil sí, porque el filósofo a fuerza de penetrar en las cosas, de pensar sus esencias, frecuentemente no las ve y tropieza con sus apariencias."

Porque los soñadores son como niños de fácil sueño.

J. N.

"Soñé que no existían cerrojos. Querría soñar que ya no existen puertas..."

J. N.

**Sólo es joven quien tiene más ilusiones
que recuerdos.**

¡Si pudiéramos mirar la vida sin vivirla!

A todos nos falta. Pero todos tenemos...

*Mi camino no es mío.
Yo soy del camino...*

*Vivimos luces y sombras.
Pero las luces son también sombras.
Encendidas...*

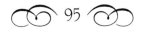

Mis pensamientos huyen cuando los busco.
Pero me buscan cuando huyo...

Triste destino el del sueño.
¡Morir cuando nace el sol!

¡Cuánta vida en cada sueño!
¡Cuánto sueño en cada vida!

Quise un bello sueño y cuando llegó,
me dolió que fuese un sueño.

Quise beber en la fuente del saber.
Y la descubrí mar...

A los lugares desconocidos les agregamos
asombro.

Los soñadores parecen niños de fácil sueño.

El barro abunda. Pero las alas también...

Tiempo

a Ricardo Nicolini

"¡Extraño destino el del hombre! Vive su breve existencia y supone haber sido algo nuevo y nunca visto en su tiempo. Sin embargo, no es más que una onda en la que se continúa el pasado de los hombres y trabaja siempre en una obra de enorme duración, por muy efímero que se sienta. Además, se considera libre y es sin embargo un reloj al que se le ha dado cuerda, sin fuerza siquiera para distinguir bien la obra, ni para cambiarla en una determinada dirección."

FRIEDRICH W. NIETZSCHE
ALEMANIA (1844-1900)

La juventud no posee toda la verdad.
Pero la madurez tampoco.

Corrí mucho. Hasta que aprendí a caminar...

La experiencia tardía sólo produce dolor.

El fracaso se paga. Pero el éxito también.

El hombre superior sólo acepta
la sentencia de sus iguales.

 Tiempo

El tiempo no da experiencia.
Hay que **extraerla** del tiempo.

 Nuestro futuro está presente.
Aunque no podamos verlo.

Es más fácil curar heridas
que borrar cicatrices.

Esperé pacientemente cosas, que al llegar eran.
Pero **yo** ya no era...

Retorno puede significar alejamiento.

Cuando nos premian y cuando nos castigan
sentimos injusticias **diferentes**.

Cuando evoco el pasado me duele el presente.

Los años crean imposibilidades.
Y posibilidades...

Tú

a Oscar Albisu

"Busca dentro de ti la solución de todos los
problemas.
Dentro de ti está siempre el secreto.
Dentro de ti están todos los secretos.
Dentro de ti hay tendidos ya todos los puentes.
Están cortadas dentro de ti las malezas y las lianas
que cierran los caminos.
Antes de ir a buscar el hacha más filosa o la piqueta
más dura, entra en tu interior y pregunta...
Y sabrás lo esencial de todos los problemas, se te
enseñará lo mejor de todas las fórmulas y se te dará
la más sólida de todas las herramientas. Y acertarás
constantemente, pues dentro de ti llevas la luz
misteriosa de todos los secretos."

AMADO NERVO
MÉJICO (1870-1919)

**Fuiste arcilla en mis manos.
Pero soy un ciego escultor.**

Te encontré en mi Destino.
Porque **eras** mi Destino...

Tu corazón recibió mi mensaje.
Aunque sólo contenía silencios...

Bebí en ti porque te creí río.
Pero eras mar...

Necesito no sólo lo que me das.
También **lo que eres**.

Viví sin conocerte. Y cuando te conocí,
descubrí que no había vivido.

No daría mi vida por ti.
Porque te perdería a ti.

Te incluí en mi vida. Pero tú ¿te incluyes?

Cuando menos tenías más me diste.
Porque me dabas **todo**.

Te supuse oasis. Pero te faltó sombra...

Cuando dijiste ¡te necesito!
descubrí **cuánto** te necesitaba.

Rodando tropecé contigo. Entonces **me levanté**.

Te ofrecí mi vida. Y la enriqueciste.
Con la tuya...

Te vi llegar. Y ya no te vi más.

Mi *poesía* eres **tú**. Sólo agrego palabras...

❧Vacío❧

a M. *y* B. Bard

"Con dinero podemos comprar muchas cosas. Nos proporcionará comida, pero no apetito; medicinas, pero no salud; conocidos, pero no amigos; criados, pero no colaboradores; días alegres, pero no felicidad."

Henrik Ibsen
Noruega (1828-1906)

**Hay quienes cruzan el mar,
sólo por cambiar de orilla.**

Los mediocres buscan mediocres.
Porque con los superiores
resalta su mediocridad.

Hay ropas que desnudan.

La **nada** es el objetivo más buscado.

Cuando escasean los gigantes,
sobresalen los enanos.

¡Cuántos construyen sin cimientos!
Y se asombran del derrumbe...

A la cumbre de la nada sólo se asciende,
bajando.

Quien hace de lo complementario
la razón de su vida,
hace de su vida un **complemento**.

Unos se interesan; otros, sólo averiguan.

El vulgo desmerece los valores
y valoriza las carencias.

Patriotismo implica amor a la patria.
Patrioterismo, **desamor**.

Hay hombres con los que me parece increíble
respirar el mismo aire.

Lo vacío tiene apariencia de lleno.

Quiero que me digan, no que me hablen.

Vida

a Lucio Brown
a Enrique Mariñansky

∽ Vida ∽

La vida, efímero juego.
La muerte, una realidad.
La vida, fugaz destello.
La muerte, una eternidad.

JOSÉ NAROSKY

**No soy profeta ni maestro.
Sólo** alumno **de la vida.**

*El ebrio suele errar el camino.
Pero ya lo había errado...*

*Un gran hombre puede tener pequeñeces.
Un hombre pequeño nunca tendrá grandeza.*

Lo que entró en mi vida, **quedó** *en mi vida.*

*Hay hombres que muestran su fracaso
sólo en el éxito.*

El joven es rey sin reino.
El anciano con reino, casi no es rey.

Lo mejor no contiene todo lo mejor.

El disfraz de puritano es siempre transparente.

Cuando me golpearon mucho,
ya no sentí los golpes.

Quien se arrepiente muchas veces,
no se arrepiente. Se engaña.

❧Indice❧

Esta edición
se terminó de imprimir en
Verlap S.A. Producciones Gráficas
Spurr 653, Avellaneda
en el mes de marzo de 1997.